LA CONSTITITUON FRANÇAISE PROUVÉE PAR L'ÉVANGILE.

Prix, 1 livre 5 sous.

Se vend,

A TOULOUSE,

PAR LES COLPORTEURS.

A BORDEAUX,

AU BUREAU DES PAPIERS-NOUVELLES.

AN III.e DE LA RÉPUBLIQUE.

ÉPITRE PRÉLIMINAIRE.

MES FRERES,

CHERCHONS la vérité ; elle eſt le premier & le meilleur aliment de l'homme : différens moyens peuvent être employés pour la faire connoître ; mais il eſt d'un intérêt bien plus puiſſant pour le bonheur des peuples, de ſe ſervir de ceux qu'il a toujours reſpectés, de ceux qui portent l'empreinte de la félicité publique, de ceux enfin qui impriment les grands caracteres de la civilité & de la raiſon qui découle de la juſtice divine.

Comme l'évangile eſt le ſeul doué d'une pareille perfection, c'eſt de ce dogme qu'il faut puiſer la morale de tous les ſiecles, preſcrite par la conſtitution françaiſe. Pour démontrer que l'évangile en eſt le fondement, j'ai choiſi tous les principaux dogmes qui en ſont la baſe ; & par l'explication que j'en ai faite, on verra que la conſtitution françaiſe & l'évangile ne font exactement qu'une même doctrine.

On reconnoîtra d'une maniere préciſe que Jeſus a été le premier patriote & le grand fondateur du patriotiſme ; on verra la ſourberie d'une partie du clergé, qui faiſoit un mépris formel de l'é-

vangile ; l'aveuglement de la plupart des eccléſiaſtiques, qui expliquoient les dogmes d'une maniere contraire à leur ſens, imitant l'écréviſſe, qui au lieu d'avancer, recule ; enfin, on ſe convaincra que le zele que la nobleſſe & le clergé montroient pour la religion, étoit une véritable monſtruoſité de la part des uns, & la plus parfaite ignorance de la part des autres, & l'on ſera dans la perſuaſion la plus intime : que ſi le dogme évangélique eût été préché dans ſon vrai ſens, il eût été accueilli de tout l'univers, & cette loi univerſelle eût fait & feroit le bonheur de l'humanité entiere.

Je me nommerai ; mais pour qu'on n'imagine pas que ce que je fais pour le bonheur du peuple, je le faſſe pour obtenir quelque place, je crois devoir laiſſer ma ſignature en blanc.

LA CONSTITUTION FRANÇAISE PROUVÉE PAR L'ÉVANGILE.

SAINT MATTHIEU, CHAPITRE V.

VERSET 6.

BIENHEUREUX ceux qui sont affamés & altérés de la justice, parce qu'ils seront rassasiés.

EXPLICATION.

Les hommes affamés de la justice seront rassasiés, parce qu'ayant leur cœur vide de tout repentir, ils meurent sans remords; & ne faisant jamais du tort à personne, il est impossible de trouver des meilleurs patriotes, parce qu'un homme ne peut être juste qu'en aimant son prochain comme son frere & comme lui-même; & voilà le grand point de la liberté & de l'égalité parmi les hommes.

VERSET 21.

Vous avez appris qu'il a été dit aux anciens : vous ne tuerez point ; & quiconque tuera, méritera d'être condamné par le jugement.

VERSET 22.

Mais moi je vous dis que quiconque se mettra en colere contre son frere, méritera d'être condamné par le jugement, &c.

EXPLICATION.

Si l'on s'emporte, si l'on s'injurie par des paroles désagréables, peut-on avoir la liberté & l'égalité ? Car on ne peut être libre que lorsque notre prochain respecte notre tranquillité, & l'on n'est plus son égal lorsqu'il vous humilie par un emportement déplacé, & des mots à propos de botte qui détruisent la civilité que vous avez pour lui ; & c'est agir contre Dieu, qui a gravé dans notre cœur de nous aimer, de ne jamais frapper l'homme que pour l'amitié que vous avez pour lui, comme un juge qui est sensible d'avoir à prononcer contre le coupable pour éviter la multiplicité du crime, & le détruire du cœur de ceux qui voudroient l'imiter ? Quelque grand que pût être ce crime, si le juge pouvoit, comme l'Eternel, lire le repentir dans le cœur du coupable, & reconnoître un bien pour l'humanité dans le pardon, ſon grand plaiſir ſeroit de dire au criminel : ton repentir efface ton crime.

Au ſurplus, non-ſeulement Jeſus ne ſe borne pas à condamner l'homicide au jugement comme les anciens, mais il ajoute encore que celui qui ſe mettra en colere contre ſon frere, méritera d'être condamné par le jugement, c'eſt-à-dire, que l'homme qui s'emporte ſans raiſon contre ſon prochain, doit être puni auſſi-bien que celui qui tue, en proportion de l'injuſtice de ſon emportement, qui a outragé la liberté d'autrui en mépriſant la propriété de l'égalité établie par l'eſſence de la raiſon.

VERSET 25.

Accordez-vous au plutôt avec votre adverſaire pendant que vous êtes en chemin avec lui, de peur que votre adverſaire ne vous livre au juge, & que vous ne ſoyez mis en priſon.

VERSET 26.

Je vous dis & je vous aſſure que vous ne ſortirez point de là que vous n'ayez payé juſqu'à la derniere obole.

RÉFLEXION.

Si le clergé eût fait attention à ce dogme, & qu'il eût eu toute la foi qu'il mérite, il auroit crié à la nobleſſe : nous ſommes le plus grand adverſaire du peuple, il eſt enfin temps de nous réconcilier avec lui ; profitons de l'heureux memant qu'il veut bien nous accorder ſon amitié, afin qu'il ne nous livre pas au grand juge national ; alors la nobleſſe l'eût écouté, & le peuple ne les auroit pas livrés au grand juge de la loi, & la loi ne les auroit pas livrés à la priſon de la guillotine, en leur faiſant payer juſqu'à la derniere obole.

VERSET 27.

Vous avez appris qu'il a été dit aux anciens : *vous ne commettrez point d'adultere*

28. Mais moi je vous dis que quiconque aura regardé une femme avec un mauvais déſir pour elle, a déjà commis l'adultere dans ſon cœur.

RÉFLEXION.

Quiconque regarde une femme avec un mauvais déſir pour elle, dit *Jeſus*, cela veut dire que l'homme n'a pas plus de droit ſur la femme de ſon prochain que ſon prochain, n'en a ſur la ſienne. Qu'il ſente combien ſon prochain le ſcandaliſeroit, & alors il ne tournera pas ſes regards vers le ſujet qui peut donner lieu au ſcandale ; que les hommes qui regardent les filles dans un deſſein illégitime à leur faire du tort, ſont auſſitôt dans la voie du mal, en ce que leurs déſirs ſont contraires à la liberté & à l'égalité ; & comme de pareils crimes viennent ſouvent, 1°. de l'antipathie qui naît par temps entre mari & femme, la Convention a conſidéré que le mal étant moindre de ſe déſunir lorſqu'on ne peut ſe ſupporter, a autoriſé le divorce, & permis de ſe remarier.

2°. Pour éviter le scandale que pourroient occasionner les refus d'un pere & d'une mere de se prêter aux inclinations décidées de leurs enfans, la constitution autorise ces derniers de se marier suivant leurs voeux, après avoir rendu les premiers respects à leur pere & mere; ainsi la constitution française prévient encore le crime contre lequel Jesus s'est déclaré.

La constitution a détruit les édifices & les temples où des personnes de tout sexe se croyoient obligées au célibat, & la plupart s'y soumettoient par force.

Comme Dieu n'a pas fait naître les hommes pour être esclaves d'une opinion contraire à l'ordre de la nature établi par Dieu même; que si tous les hommes, croyant se faire un grand mérite, s'étoient, comme des célibataires, enfermés dans ces édifices, la terre auroit resté à travailler, & l'Etre suprême n'auroit point eu d'adorateurs.

Que c'eût été véritablement offenser Dieu, que de refuser à l'ordre de la nature, pour lequel il a créé les hommes.

Que d'ailleurs Jesus n'a jamais dit à l'homme de se ne point prendre une femme; que Saint Paul dit seulement : *mariez-vous, vous ferez bien; ne vous mariez pas, vous ferez mieux*; ce qui veut dire : si votre raison vous dit que vous ferez mieux de ne pas vous marier, prenez le plus grand bien pour éviter le plus grand mal.

Qu'il est avéré que si l'on ne se marioit point,

on ne travailleroit ni pour le ciel ni pour la terre, puisqu'il n'y auroit pas de corps pour travailler & faire produire la terre, ni des ames pour reconnoître la majesté d'un Dieu, & aspirer à sa gloire, & que ce seroit faire un mépris de cet ordre que Dieu a établi dans la nature.

Que la raison donnée par Dieu doit seule guider l'homme. En conséquence, la constitution françaife remet les hommes dans la véritable liberté établie par Dieu même : c'est à chaque individu, de réfléchir suivant sa raison, s'il fera mieux de ne point se marier : car s'il est des arbres inutiles ou nuisibles pour ne pas porter du fruit, il en est qui le sont pour en avoir trop ; c'est à chaque individu à prendre garde de ne point trop se charger.

VERSET 39.

Et moi je vous dis de ne point résister au mal que l'on veut vous faire : si quelqu'un vous frappe sur la joue droite, présentez-lui encore l'autre.

RÉFLEXION.

Que si quelqu'un vous fait du mal, dites-lui seulement que vous ne savez pas l'avoir mérité ; car si vous vous en vengez, vous secondez & multipliez l'offense qu'on vous a faite, & l'aggravez en agissant contre les lois qui ne veulent pas que vous soyez le juge du mal qu'on vous a fait.

VERSET 44.

Et moi je vous dis : aimez vos ennemis ; faites du bien à ceux qui vous haïssent, & priez pour ceux qui vous persécutent & vous calomnient.

RÉFLEXION.

Si vous aimez votre ennemi, vous ne pouvez que plaire à votre pere, parce que le pere voit avec plaisir qu'un des ses enfans aime celui de ses freres quelque mal qu'il en ait reçu ; car un pere ne s'apperçoit point qu'un de ses enfans réponde à l'amitié que son pere lui porte : il n'est pas naturel de haïr celui qui nous aime. Amitié pour amitié n'a point de mérite particulier ; mais excuser celui qui nous offense, c'est prier pour lui ; & Dieu étant le pere de tous les hommes, voit avec plaisir celui de ses enfans qui pardonne son frere.

VERSET 46.

Car si vous n'aimez que ceux qui vous aiment, quelle récompense en aurez-vous ? Les publicains ne le font-ils pas aussi ?

RÉFLEXION.

En effet, les libertins, les voleurs, &c. s'aiment entr'eux : l'amitié n'a de mérite que lorsqu'elle est gratuite.

VERSET 47.

Si vous ne saluez que vos freres, que faites-vous en cela de plus que les autres ? Les païens ne le font-ils pas aussi ?

RÉFLEXION.

Rendre bien pour bien, n'eſt autre choſe que remplir ſimplement ſon devoir ; c'eſt la raiſon appelée l'égalité. En créant l'homme, Dieu lui a donné le penchant & l'eſtime qu'il a pour le bien ; il veut donc que l'homme le faſſe pour le ſeul plaiſir de le faire, & la juſtice de le praquer. Eh ! qui ſeroit juſte, ſi Dieu ne l'étoit pour le récompenſer ?

CHAPITRE VI.

VERSET 1er.

PRENEZ garde de ne faire pas vos bonnes œuvres devant les hommes pour en être regardé, autrement vous n'en recevrez point la récompenſe.

VERSET 2.

Lors donc que vous donnerez l'aumône, ne faites point ſonner la trompette.

RÉFLEXION.

Si l'on ne fait le bien que pour alimenter ſon orgueil, quel mérite peut-il y avoir ? car dans ce cas on fait plus que de s'en récompenſer ſoi-même. N'eſt-on pas au contraire coupable de faire une charité ou un plaiſir à quelqu'un qui ne voudroit pas être connu, pour deux fois le ſervice que vous lui rendez ? N'eſt-ce pas offenſer & la liberté & l'égalité ? Et le Dieu puiſſant ne doit-il pas humilier un pareil homme ?

VERSET 7.

N'affectez pas de parler beaucoup dans vos prieres, comme les païens qui s'imaginent que c'eſt par la multitude des paroles qu'ils méritent d'être exaucés.

VERSET 8.

Ne vous rendez donc pas ſemblable à eux, parce que votre pere ſait de quoi vous avez beſoin avant que vous le lui demandiez.

VERSET 9.

Vous prierez donc de cette maniere : Notre pere qui êtes dans les cieux, que votre nom ſoit ſanctifié.

10°. Que votre regne arrive, que votre volonté ſoit faite ſur la terre comme au ciel.

11°. Donnez-nous aujourd'hui notre pain de chaque jour.

12°. Et remettez-nous nos dettes comme nous les remettons à ceux qui nous doivent.

13°. Et ne nous abandonnez point à la tentation, mais délivrez-nous du mal. Ainſi ſoit-il.

14°. Car ſi vous pardonnez aux hommes les

fautes qu'ils font contre vous, vôtre pere céleste vous pardonnera aussi vos péchés.

RÉFLEXION.

Jesus ne se contenta point de dire de ne point faire de longues prieres, comme les païens qui s'imaginent que c'est par la multitude des paroles qu'ils méritent d'être exaucés, il dicta lui-même la priere ci-dessus que nous devons faire : pourquoi donc le clergé a-t-il surchargé ce dogme de maniere à le faire mépriser, en agissant contre la liberté & l'égalité ? Car les ecclésiastiques, en ordonnant & en faisant payer leurs prieres, ôtoient au peuple leur propriété, & en leur faisant croire qu'elles étoient plus agréables à Dieu, ils lui ôtoient l'égalité, c'est-à-dire, qu'en faisant payer leurs prieres, ils commettoient une injustice, & en les faisant croire plus agréables à Dieu, ils péchoient contre la raison. Dieu nous parlant par la raison qu'il nous a gratuitement donnée, nous dit qu'il est notre pere ; que tous ses enfans lui sont égaux ; qu'il n'y a que le mérite de celui qui fait bien à récompenser ; qu'un enfant ne peut pas effacer le crime de l'autre ; que celui qui offense le pere, doit lui en demander pardon. Dieu étant aussi juste pour l'un que pour l'autre, la raison, ce don généreux que la Divinité a fait à l'homme, parle directement à son cœur : non, lui dit-elle, Dieu, la justice même, n'est ni ne peut être ni bifarre ni capricieux ; & fa Divinité le feroit, fi elle n'étoit égale pour tous les hommes. Ils font tous égaux devant l'Etre fuprême ; & l'Etre fuprême n'a pas le caprice de vouloir qu'un homme le prie pour un autre ; & Jefus, en difant qu'il étoit venu pour les pécheurs, & en fe plaifant en leur compagnie, ne difoit pas aux apôtres de prier pour eux : ces paroles fignificatives vouloient dire qu'il étoit venu parmi eux pour leur infpirer le repentir de leurs fautes.

VERSET 16.

Lorfque vous jeûnez, ne foyez point triftes comme les hypocrites ; car ils affectent de paroître avec un vifage défiguré.

RÉFLEXION.

Comme il n'eft pas donné à l'homme de favoir de quoi il doit fe priver pour maintenir fa fanté, & que toutes les lois nous ordonnent de nous guérir lorfque nous fommes malades, & d'éviter la maladie ; que jeûner peut influer à notre fanté ; que Dieu, ayant fait toutes chofes pour le fervice de l'homme, ne lui a pas fixé les heures qu'il doit en ufer ; que la raifon nous dit feulement d'ufer de toutes chofes avec légitimité, & avec la mefure que Dieu nous les donne & nous les fixe par fon don de la raifon, ce dogme ne peut concerner la privation de manger, mais feulement de se priver de la propriété d'autrui, du mensonge, du langage scandaleux, &c. Or, il veut dire que lorsque quelqu'un nous manque, & que nous gardons le silence pour mieux répondre à l'exécution des lois, il faut le faire avec générosite & avec gaieté, afin que notre visage, notre regard ne montrent pas une haine contre celui de qui nous ne tirons pas vengeance. La liberté & l'égalité peuvent-elles être mieux ménagées?

VERSET 19.

Ne vous faites point de trésors dans la terre.

RÉFLEXION.

C'est-à-dire, recevez de la terre ce qu'elle vous donne pour vous récompenser des soins que vous lui prodiguez, comme des bontés du Très-Haut que vous devez remercier, & à qui vous devez les demander par la priere que Jesus a dictée; mais n'ambitionnez point ce qui ne vous est pas du.

VERSET 22.

Votre œil est la lampe de votre corps; si votre œil est simple, tout votre corps sera lumineux.

RÉFLEXION.

Rien ne peut nous flatter comme ce qui a trait à nos yeux: les yeux sont le mobile des libertins, des joueurs, des voleurs, &c. Détournons donc les yeux de tout ce qui n'est pas à nous, & de tout ce que nous ne devons pas exiger, & notre

cœur

cœur ne désirera point la propriété d'autrui, & notre bouche ne prononcera point contre l'égalité de notre prochain.

VERSET 34.

C'est pourquoi ne soyez point en inquiétude pour le lendemain, car le lendemain aura soin de lui-même; à chaque jour suffit son mal.

C'est-à-dire, que si notre prochain a besoin de quelque chose de nous, nous ne devons pas considérer que cela peut nous être nécessaire; son besoin est actuel, le nôtre est incertain, & avons le temps de le prévenir. Voilà le grand principe de l'égalité.

CHAPITRE VII.

VERSET 1er.

NE jugez point, afin que vous ne soyez point jugés.

RÉFLEXION.

Il ne nous est pas permis de juger ni de prononcer l'arrêt de Dieu contre les hommes: on offense la majesté suprême de vouloir pénétrer les décrets de sa volonté, voilà le profond respect qu'il nous impose. Quant au jugement que nous devons prononcer contre les hommes, ne nous écartons jamais de la raison que nous a dicté l'Éternel, en nous indiquant de prendre toujours le plus petit mal & le plus grand bien ; préférons le petit mal, en punissant bien le coupable, lorsque l'impunité peut opérer le plus grand mal sur ses semblables. Combien de coupables ne restent-ils pas impunis pour n'être point connus! mais que d'innocens la loi n'a-t-elle pas fait punir pour ne pouvoir connoître le fond de leur ame, afin d'éviter le plus grand mal qui dévore la propriété & l'égalité !

Pourquoi donc les ecclésiastiques nous jugeoient-ils contre la liberté & l'égalité prescrites par ce dogme ?

VERSET 3.

Pourquoi voyez-vous une paille dans l'œil de votre prochain, vous qui ne voyez pas une poutre dans votre œil ?

RÉFLEXION.

C'est l'ordinaire de tous les hommes de reconnoître la petite faute de leur prochain, & de ne pas s'appercevoir de la grande qui les fait mépriser.

VERSET 6.

Gardez-vous bien de donner les choses saintes aux chiens, & ne jetez point vos perles devant de pourceaux, de peur qu'ils ne les foulent sous leurs pieds, & que se tournant contre vous, ils ne vous déchirent.

RÉFLEXION.

Si une perſonne ſe refuſe de vous écouter lorſque vous lui parlez raiſon, ſi elle veut que ſon menſonge empire ſur la vérité, ne vous obſtinez point, ſi vous ne voulez vous expoſer à des déſagrémens, & à perdre votre liberté & égalité; car ce que vous lui dites de bon, ſont des choſes ſaintes que vous jetez aux chiens, dès que cette perſonne les mépriſe; & en vous répondant mal pour bien, elle ſe tourne contre vous, & déchire votre cœur en le bleſſant, par ce qu'elle vous dit de déſagréable. Et c'eſt ainſi qu'elle foule ſous ſes pieds les perles du bon conſeil que vous lui donnez.

VERSET 7.

Demandez, & on vous donnera; cherchez, & vous trouverez; frappez à la porte, & on vous ouvrira.

RÉFLEXION.

Lorſque vous avez beſoin de quelque choſe juſte, ne rougiſſez point de la demander; ſi quelqu'un vous fait injuſtice, demandez juſtice aux lois: c'eſt votre propriété, votre liberté & votre égalité, une fois pour toutes, c'eſt-à-dire, votre équité, votre juſtice & votre raiſon.

Demandez à Dieu ſa grâce; ſi vous la déſirez ardemment, vous ne vous écarterez jamais des préceptes de la raiſon qu'il a gravés dans votre cœur, afin qu'il vous l'accorde.

VERSET 12.

Faites donc aux hommes tout ce que vous voulez qu'ils vous faſſent ; car c'eſt la loi & les prophetes.

RÉFLEXION.

Quand vous ferez quelque choſe à autrui, réfléchiſſez auparavant ſi vous voudriez que cela vous fût fait. Voilà la loi de l'homme, le vrai patriotiſme & la volonté de Dieu.

On dira : l'homme punit, & ne voudroit pas être puni ; mais le juge qui prononce contre autrui, s'il commet un crime, & qu'on le puniſſe, il ſent bien qu'il le mérite, & en cela il dit : on me fait ce que j'aurois fait à un autre. Voilà d'une maniere différente faire ce que nous ferions.

VERSET 13.

Entrez par la porte étroite, parce que la porte de la perdition eſt large, & le chemin qui y mene eſt ſpacieux.

RÉFLEXION.

Renfermez-vous dans l'obéiſſance aux lois, & ne vous livrez, & ne ſuivez pas le vaſte champ de vos paſſions ; car le grand légiſlateur vous fait ſentir l'horreur du crime & la punition qu'il mérite.

VERSET 15.

Gardez-vous de faux prophetes qui viennent à vous couverts de peaux de brebis, & qui au-dedans sont de loups ravissans.

VERSET 16.

Vous les connoîtrez par leurs fruits. Peut-on cueillir des raisins sur des épines, ou des figues sur des ronces? Ainsi tout arbre qui est bon produit de bons fruits, & tout arbre qui est mauvais produit de mauvais fruits, & un mauvais n'en peut produire de bons.

RÉFLEXION.

N'écoutez point les prophetes de la folie, c'est-à-dire, n'écoutez point les fous, si vous voulez être sage; car le libertin a un langage plus doux que le bêlement de l'agneau.

L'ambitieux ne vous flatte que pour vous faire seconder son ambition : réfléchissez & pesez ce qu'ils vous disent, & vous concevrez qu'ils vous ouvrent un précipice, comme les traîtres de notre sénat national l'ont ouvert à ceux qu'ils ont conduits au trou de la guillotine pour les avoir crus. Il est impossible de trouver des mœurs dans un impudique, de la sobriété dans un ambitieux, de l'humilité dans un orgueilleux, de la liberté dans le despote, ni de l'égalité dans l'égoïste; ils sont tous de faux prophetes; ce ſont des arbres qu'on ne peut trop s'empreſſer de jeter au feu du tranchant de la guillotine : les vrais républicains ſont pénétrés de la juſtice & de la raiſon ; & voilà des arbres qui ne peuvent produire de mauvais fruits. Combien de faux prophetes ſont la cauſe de la mort de tant de milliers de bonnes gens !

VERSET 19.

Tout arbre qui ne produit point de bons fruits, ſera coupé & jeté au feu.

RÉFLEXION.

Tout homme qui veut s'élever illégitimément au-deſſus des autres, ne produit aucun fruit ; il doit être coupé par le glaive des lois, & jeté dans la terre, où les vers ſont le feu qui le conſume.

VERSET 21.

Ceux qui médiſent, Seigneur, Seigneur, n'entreront pas tous dans le royaume des cieux.

Mais celui-là ſeulement y entrera, qui fait la volonté de mon pere, qui eſt dans les cieux.

RÉFLEXION.

Dieu étant la juſtice même, ſeroit injuſte s'il laiſſoit entrer dans le ſéjour des juſtes, l'homme qui eſt ennemi de la juſtice & des lois, parce que celui qui n'aime pas la juſtice n'aime pas la raiſon, & conſequemment il eſt ennemi de Dieu, puisqu'il rejette le don que Dieu lui a fait de la raison, pour connoître sa volonté & s'y conformer; mais celui qui aura reçu le don de la raison, en se soumettant à la justice qu'elle ordonne & aux commandemens qu'elle dicte de la part de Dieu, entrera dans l'asile éternel des bienheureux.

VERSET 22.

Plusieurs me diront en ce jour-là : Seigneur, Seigneur, n'avons-nous pas prophétisé en votre nom? n'avons-nous pas chassé les démons en votre nom ? & n'avons-nous pas fait plusieurs miracles en votre nom ? Et alors je leur dirai hautement : je ne vous ai jamais connu ; retirez-vous de moi, vous qui êtes des œuvres d'iniquité.

RÉFLEXION.

Les ecclésiastiques auront beau dire : Seigneur, Seigneur, n'avons-nous pas prêché la religion, les commandemens de l'église romaine ? n'avons-nous pas cherché à faire massacrer & à faire détruire le peuple, pour ne vouloir pas s'y conformer, ne sommes nous pas morts martyrs pour ce systême ?

Alors le Seigneur leur dira : retirez-vous de moi, malheureux qui avez fait verser le sang des amis de la raison, pour assouvir votre ambition sacrilege aux dépens du peuple ; vous avez eu, & vous aurez la récompense qui vous est due. Je vous avez donné une morale pure, & vous l'avez corrompue par le levain du mensonge & du forfait, par les immondices de votre ambition, de votre orgueil & de la plaisanterie méprisable que vous avez fait de celui qui s'est laissé abuser par vous.

VERSET 24.

Quiconque entend donc les paroles que je dis, & les pratique, sera comparé à un homme sage qui a bâti sa maison sur la pierre.

VERSET 25.

Et lorsque la pluie est tombée, que les fleuves se sont débordés, que les vents ont soufflé & sont venus fondre sur cette maison, elle n'est point tombée, parce qu'elle étoit fondée sur la pierre.

RÉFLEXION.

Les hommes qui ont entendu le langage de la justice & de la raison, qui s'y sont conformés, & l'ont transmis à la postérité comme le grand devoir imposé par l'Etre suprême, ont établi leur bonheur sur des fondemens inébranlables qui sont la pierre.

Les hommes vils, les mercenaires, ces ennemis de l'Eternel, qui a créé les hommes pour l'égalité, ne détruiront jamais leur éternelle félicité.

VERSET 26.

Mais quiconque entend ces paroles que je dis, & ne les pratique point, est semblable à un homme insensé qui a bâti sa maison sur le sable.

RÉFLEXION.

Les nobles, les ecclésiastiques ont bien lu & entendu les dogmes de Jesus, qui ont fondé la liberté & l'égalité ; mais ils les ont méprisés, leurs discours ne tendant qu'au crime ; leurs phrases bâties sur la boue de l'iniquité sont le sable que les flots de la punition ont emporté en détruisant leur maison.

CHAPITRE VIII.

VERSET 21.

UN autre de ses disciples lui dit : Seigneur, permettez moi d'aller ensevelir mon pere avant que je vous suive.

VERSET 22.

Mais Jesus lui répondit : suivez-moi, & laissez aux morts le soin d'ensevelir les morts.

RÉFLEXION.

Par cette réponse de Jesus, on voit bien que les morts ne doivent plus nous occuper, mais bien les vivans. On s'empresse à enterrer les morts, pour qu'ils n'infectent pas les vivans ; que celui qui peut employer son temps à une chose plus utile, doit s'en occuper, & laisser ensevelir le mort par un autre qui s'occupe moins utilement, parce que, n'importe comment le mort disparoisse de dessus la terre, l'Eternel a les œuvres de son ame en dépôt pour sa récompense.

CHAPITRE IX.

VERSET 10.

ET Jesus étant à table dans la maison de cet homme, il y vint beaucoup de publicains & de gens de mauvaise vie qui se mirent avec Jesus & ses disciples.

VERSET 11.

Ce que les Pharisiens ayant vu, ils dirent à ses disciples : pourquoi votre maître mange-t-il avec des publicains & des gens de mauvaise vie ?

VERSET 12.

Mais Jesus les ayant entendus, leur dit : ce ne sont pas les sains, mais les malades qui ont besoin de médecin.

VERSET 13.

C'est pourquoi, allez & apprenez ce que veut dire cette parole : j'aime mieux la miséricorde que le sacrifice ; car je ne suis pas venu appeler les justes, mais les pecheurs.

RÉFLEXION.

On voit combien Jesus étoit ami de l'égalité, puisqu'il lui étoit égal de manger avec les publicains comme avec les autres; au contraire, il montroit plus de plaisir de manger avec eux, parce qu'il leur étoit utile par l'occasion qu'il avoit de les instruire; & voilà un digne patriote. De même les bons patriotes ne versent pas leur sang pour les riches, mais bien pour l'avantage des pauvres: les riches sont sains d'abondance, & les pauvres sont les malades; car ils ont la maladie de la pauvreté; ils ont besoin le médecin du patriotisme. Un vrai patriote est un homme sage qui ne doit jamais éviter les fous, lorsque sa prudence & son exemple peuvent les corriger; l'homme juste ne doit point haïr le pécheur, mais bien le péché; & pour que le juste puisse corriger le pécheur par son exemple, il faut qu'il aille dans sa société; & Jesus ne peut mieux l'exprimer qu'en disant: je ne suis pas venu appeler les justes, mais les pécheurs; & les ecclésiastiques ont violé ce précepte de la maniere la plus frappante, en défendant aux non-catholiques d'entrer dans les églises où ils n'auroient dû prêcher que la pureté du dogme pour tous les hommes quelconques, qui alors l'auroient embrassé d'une voix unanime dans tout l'univers, parce que l'évangile étant conforme à la raison que Dieu a donnée à l'homme, aucun n'auroit pu dire qu'il étoit injuſte ni dérai-ſonnable, au lieu qu'en enflant ces dogmes comme un homme impotant de toutes ſes parties, ils ont paru ridicules, comme l'homme paroît mal fait.

VERSET 14.

Alors les diſciples de Jean vinrent le trouver & lui dirent : pourquoi les Phariſiens & nous jeûnons-nous ſouvent, & que vos diſciples ne jeûnent point ?

VERSET 15.

Jeſus leur répondit : les amis de l'époux peuvent-ils être dans la triſteſſe & dans le deuil pendant que l'époux eſt avec eux ? Mais il viendra un temps que l'époux leur ſera ôté, & alors ils jeûneront.

RÉFLEXION.

J'entends par ces paraboles, qu'il y a un temps pour tout ; que l'on peut ſe récréer & ſe divertir, lorſque nos occupations nous le permettent ; mais lorſque le devoir nous appelle, il faut jeûner de la récréation, & ſe priver du divertiſſement. Le temps de la récréation eſt l'époux ; lorſque le devoir nous appelle, il nous l'ôte.

CHAPITRE X.

VERSET 25.

C'EST assez au disciple d'être comme son maître, & à l'esclave d'être comme son seigneur.

RÉFLEXION.

Les hommes justes sont les vrais serviteurs de Dieu ; & Dieu dit par la bouche de la raison aux nécessiteux : Venez trouver mes serviteurs, & ils soulageront vos peines par les moyens que je leur en ai fournis. Ils donneront des alimens à vos forces, & vous devez les aider dans leurs travaux, & par ce moyen la reconnoissance paie l'offrande ; & c'est ainsi que s'opere l'égalité entre le maître & le serviteur qu'on appeloit esclave du temps de Jesus.

CHAPITRE XII.

VERSET 11.

MAIS il leur répondit : qui sera l'homme d'entre vous qui ayant une brebis qui vient à tomber dans une fosse le jour du sabbat, ne la prendra pas pour l'en retirer ? Il est donc permis de faire du bien le jour du sabbat.

RÉFLEXION.

Je n'apperçois pas dans aucun dogme que Jesus ait ordonné l'observation du dimanche (1). Et en disant qu'il est permis de faire du bien le jour du sabbat, je sens qu'il ne défend pas de travailler, car le travail est un véritable bien ; mais il ne doit être dirigé, dans aucun temps, par une ambition démesurée & la cupidité. Les jeux, les danses, les ivrogneries auxquels le monde se livroit pour n'être pas occupé, étoient un véritable mal. En travaillant, on peut élever son cœur à Dieu, & lui rendre hommage ; ce qu'on fait difficilement, en se livrant aux excès auxquels entraîne l'oisiveté. Or, la raison que Dieu nous a donné, nous dit qu'il y a plus de mérite de s'occuper utilement, que d'agir extravagamment, ou rester dans une molle oisiveté. Aussi n'est-il pas un dogme qui dise d'observer le jour du sabbat, que les Juifs observent encore, mais que le clergé remit au dimanche, comme

(1) Il est seulement dit dans un autre endroit, qu'il chassa ceux qui vendoient dans le temple. Véritablement tout lieu destiné pour l'instruction de l'idée & de l'adoration qu'on rend à l'Etre suprême, & du devoir sacré qui doit unir les hommes, ne doit pas être souillé par les sujets de l'avarice & de l'ambition. Que diroit-on si les regratieres & les marchands alloient s'étaler dans le temple de la raison comme dans une place ?

qui renvoie une foire de la veille au lendemain. Jesus vous ayant dit d'obéir aux lois, vous devez observer les fêtes que les lois vous donnent.

VERSET 25.

Or, Jesus connoissant leurs pensées, leur dit : tout royaume divisé contre lui-même, sera ruiné ; & toute ville ou maison divisée contre elle-même, ne pourra subsister.

RÉFLEXION.

Qu'on me cite un trait de politique mieux placé que celui-là. Si les nobles eussent cru à l'évangile, si les ecclésiastiques eussent vraiment eu la foi de la morale qu'ils prêchoient, ce dogme les auroit frappés ; ils n'auroient pas occasionné tant de malheurs & de massacres ; ils auroient respecté ces grandes sentences de Jesus ; & pour ne pas diviser le royaume, ils auroient obéi aux lois. Si les dévots ou dévotes eussent eu le discernement de concevoir ces sentences, ils n'auroient pas fait le malheur de leur maison en la divisant.

VERSET 32.

Et quiconque aura parlé contre le fils de l'homme, il lui sera remis ; mais si quelqu'un a parlé contre le St. Esprit, il ne lui sera remis ni en ce siecle, ni dans les siecles à venir.

EXPLICATION.

Comme l'on parle inconſéquemment contre les hommes, il n'eſt pas difficile d'en obtenir le pardon ; mais celui qui renie ſon Dieu, qui le méconnoît comme l'incrédule & l'athée, il eſt impoſſible qu'il entre dans ſa gloire, & les hommes de tous les ſiecles mépriſeront celui qui méconnoîtra ſon créateur.

VERSET 33.

Ou dites que l'arbre eſt bon, & que le fruit en eſt bon auſſi, ou dites que l'arbre étant mauvais, le fruit auſſi en eſt mauvais ; car c'eſt par le fruit qu'on connoît l'arbre.

EXPLICATION.

Quand vous parlez des hommes, dites la vérité ; quand un homme fait de bonnes œuvres, dites-le, afin que ſon exemple excite ſes ſemblables. Si vous connoiſſez un homme injuſte & pervers, dites ſes forfaits, afin de connoitre ſon mauvais arbre & ſon mauvais fruit, pour que les hommes n'en mangent point ; car ſi les homme connoiſſent pas celui qui cherche à les tromper, leur bonté pour lui fera qu'ils ſeront trompés.

CHAPITRE

CHAPITRE XIII.

VERSET 12.

CAR quiconque a déjà, on lui donnera encore, & il sera dans l'abondance ; mais pour celui qui n'a point, on lui ôtera même ce qu'il a.

RÉFLEXION.

L'homme qui a la justice & la raison s'attire l'affection de tous les hommes ; ils le nomment aujourd'hui à une place, demain à une meilleure, parce que plus il a, plus il donne : il est libéral envers les nécessiteux ; il donne des avis & des conseils à tout le monde : on se plaît à traiter avec lui, & par là il gagne toujours ; mais l'homme injuste & sans raison est haï de tout le monde ; on se méfie de lui, & en cela il ne peut que perdre.

VERSET 13.

C'est pourquoi je leur parle en parabole, parce qu'en voyant, ils ne voient point, & qu'en écoutant, ils n'entendent ni ne comprennent point.

RÉFLEXION.

Vous avez beau regarder le soleil, la lune, si vous n'admirez pas le créateur de ces astres, vous regardez & vous ne voyez point.

Vous aurez beau entendre le ſermon de vos devoirs, ſi vous ne les rempliſſez pas, vous n'entendez rien; car ſi en entendant les paroles, vous en ſentiez la conſéquence, alors vous entendriez & vous exécuteriez.

VERSET 19.

Quiconque écoute la parole du royaume, & n'y fait point attention, l'eſprit malin vient & enleve ce qui avoit été ſemé dans ſon cœur; c'eſt là celui qui a reçu la ſemence le long du chemin.

RÉFLEXION.

Celui qui écoute les lois du peuple, ſans eſtimer & conſidérer leur valeur, en perd la ſemence par le mépris que l'ennemi des lois lui en fait inſpirer.

VERSET 21.

Celui qui reçoit la ſemence parmi les épines, eſt celui qui entend la parole; mais enſuite les ſollicitudes de ce ſiecle & l'illuſion des richeſſes, étouffent en lui cette parole, & la rendent infructueuſe.

RÉFLEXION.

Ceux qui écoutent & conçoivent les lois, mais qui les corrompent par l'orgueil ou l'appas des richeſſes, c'eſt-à-dire, qui reçoivent des ſommes pour prêcher leur deſtruction, ſont punis de l'audace de leur fourberie, parce qu'ils ont reçu la ſemence parmi les épines.

CHAPITRE XV.

VERSET 11.

CE n'eſt pas ce qui entre dans la bouche qui ſouille l'homme, mais c'eſt ce qui ſort de la bouche de l'homme qui le ſouille.

RÉFLEXION.

Ce n'eſt pas en mangeant ce qu'on a beſoin qu'on offenſe Dieu, mais en calomniant ſon prochain, en donnant de mauvais conſeils & en prononçant des blaſphêmes.

VERSET 14.

Laiſſez-les, ce ſont des aveugles qui conduiſent des aveugles; que ſi un aveugle conduit un autre aveugle, ils tombent tous deux dans la foſſe.

RÉFLEXION.

Si un ignorant enſeigne un autre ignorant, ils tombent dans l'ignorance; ſi un déiſte prend conſeil de l'athée, il n'y aura point de Dieu pour eux, puiſque l'athée (s'il peut y avoir des athées) ne croit pas qu'il y en ait

VERSET 19.

Car c'eſt du cœur que partent les mauvaiſes penſées, les meurtres, les adulteres, les fornications, les larcins, les *faux témoignages*, *les blasphêmes & les médisances*.

RÉFLEXION OU EXPLICATION.

Les désirs viennent du regard & de l'ouïe : en regardant une couleur qui vous flatte, vous ne vous appercevez point qu'elle est empoisonnée pour vous ; vous la désirez ardemment, sans faire attention qu'elle vous menera à votre perte.

De quel genre ou de quelle chose qu'on vous parle, votre oreille attentive porte dans votre cœur la voix qui la frappe suivant l'accent plus ou moins dont cette voix s'exprime. De tous les motifs qui font parler les hommes, l'amour, l'ambition, l'orgueil, &c. sont ceux qui frappent le plus l'auditeur, & qui l'entraînent au principe qu'ils creusent, & où ils précipitent l'homme si souvent, lorsqu'il sort des bornes de son étroite légitimité ; ainsi pour ne pas affecter votre cœur par des désirs qui tendent si malheureusement à sa perte, détournez vos regards de tous les objets qui vous entraînent, avec une sécurité moins douteuse en apparence, que cruelle dans son effet ; & fermez l'oreille à ce doux langage, qui ne vous flatte que pour vous tyranniser, & vous éviterez ces désirs ou ces pensées, qui sont autant de monstres qui attaquent la liberté & l'égalité, qui sont la justice & la raison dont Dieu a fait un présent à l'homme.

CHAPITRE XVI.

VERSET 19.

ET je vous donnerai les clefs du royaume des cieux ; & tout ce que vous lierez ſur la terre ſera auſſi lié dans les cieux, & tout ce que vous délierez ſur la terre, ſera auſſi délié dans les iceux.

RÉFLEXION.

Celui qui a reçu le plus, doit plus remettre. Si Dieu a voulu qu'un homme ait plus de talent qu'un autre, ſi ſa divinité a voulu que celui-ci ait plus de pénétration que celui-là, c'eſt pour qu'ils en faſſent part, & qu'ils éclairent leurs freres ; & Dieu par la raiſon, comme Jeſus par la parole, dit à l'homme inſtruit & juſte : je vous donne les clefs du royaume des cieux, ces clefs ſont la juſtice & la raiſon ; répandez-les dans tous les hommes, & dites-leur qu'en exécutant ces deux vertus générales, ils ſeront déliés de l'iniquité ſur la terre comme au ciel, & que ceux qui mépriſeront l'obſervation de ces vertus ſacrées, ſeront liés à l'iniquité ſur la terre comme dans les cieux.

Les dogmes de Jeſus ſont la force de ces vertus ; il les donna particulierement à Pierre, afin d'en inſtruire les hommes.... Voilà la grande ſignification de ce dogme : le prendre dans le ſens que le clergé nous l'a expliqué, il ſeroit oppoſé à toute la morale que preſcrit l'évangile ; & croire que Dieu ait voulu donner ſon pouvoir à des hommes orgueilleux, ambitieux, fainéans, &c. au préjudice de l'honnête pere de famille, ce ſeroit encore croire Dieu injuſte & capricieux, en favoriſant certains de ſes enfans ingrats, en oubliant leurs freres laborieux, reconnoiſſans, & qui ont de la gratidude ; & il ſeroit abſurde de croire que Jeſus répondant à la volonté de Dieu ſon pere comme le nôtre, ait voulu donner à des eccléſiaſtiques mondains & terreſtres, un empire tel qu'ils ſe l'étoient approprié ; à ces eccléſiaſtiques, qui n'amuſoient le peuple que pour le tromper ; de ces abbés, qui dépenſoient, comme les évêques, les biens des pauvres dans le faſte & le luxe le plus dépravé ; à ces évêques, qui dépenſoient des revenus immenſes, qu'ils auroient dû partager aux pauvres & aux prêtres qui étoient à la congrue, & qu'ils chargeoient de tout leur travail, excepté la confirmation, qu'ils ne s'étoient réſervée que parce qu'ils la donnoient en ſe promenant, comme pour faire la digeſtion d'un repas ſomptueux que la licence ſembloit inventer, & pour que le peuple pût dire : j'ai vu *monſeigneur*, j'ai baiſé les mains de *monſeigneur*. On la baiſoit au roi comme un honneur, & à eux comme la ſource de l'eſpérance. --- Grand Dieu ! comment les peuples ont-ils pu croire ſi longtemps que la divinite & la juſtice aient fait de pareils hommes pour ſe nourrir dans une ſomptuoſité auſſi déplacée, & ſe faire un lit d'or aux dépens des ſueurs du peuple ?

CHAPITRE XVII.

VERSET 24.

IL leur répondit: *oui*, *il le paie*, & étant entré dans le logis, Jeſus le prévint, & lui dit : Simon, que vous en ſemble ? De qui eſt-ce que les rois de la terre reçoivent les tributs & les impôts, eſt-ce de leurs propres enfans ou des étrangers ?

VERSET 25.

Des étrangers, répondit Pierre. Jeſus lui dit : les enfans en ſont donc excempts ?

VERSET 26.

Mais afin que nous ne les ſcandaliſions point, allez-vous-en en la mer, & jetez votre ligne ; & le premier poiſſon que vous tirerez de l'eau, prenez-le & ouvrez-lui la bouche ; vous y trouverez une piece d'argent de quatre drachmes, que vous prendrez, & que vous leur donnerez & pour moi & pour vous.

RÉFLEXION.

Par cette réponse de Jesus, on voit que le pere n'a droit d'exiger de tributs que sur ses enfans, & que les rois prennent des tributs sur les étrangers, qui sont les hommes du peuple, sur qui ils n'ont aucun droit, mais qu'il faut se conformer à l'usage pour ne pas donner sujet à scandale.

Puisque Jesus trouvoit injustes les impôts que les rois retiroient des peuples, il voyoit donc avec indignation les guerres injustes qu'ils suscitoient.

Si les rois commettoient une injustice, en exigeant des tributs d'un peuple qu'ils avoient conquis par l'intrigue, la force & la trahison, il est bien clair qu'ils commettoient des homicides & des assassinats, en déclarant des guerres suivant l'esprit vindicatif qui les animoit, & les caprices qui agitoient leur ambition ou leur désir de vengeance. Ils n'ignoroient pas que le vol, l'homicide, l'assassinat étoient & sont des crimes, puisqu'ils rendent des lois pour faire punir de mort ceux qui s'en rendoient & s'en rendent coupables. Comment ont-ils donc pu croire que la vengeance céleste les rendoit impunissables d'exposer & de faire périr de milliers d'hommes pour soutenir des vengeances mal placées, & le plus souvent affreuses, survenues ordinairement par de légers différends qu'il leur auroit été très-facile d'arranger, si un orgueil indomptable ne les eût dominés ?

Se sont-ils jamais servis de la raison sacrée que l'Eternel a gravé dans leur cœur, de cette raison par laquelle Dieu parle aux hommes, & leur dit : rendez-vous à la justice, ou invitez vos adversaires à s'y soumettre, en leur demandant des intermédiaires pour vous réconcilier & terminer votre différend pour prévenir toute suite funeste ? Non, ils n'ont voulu d'autre justice que l'empire je veux ; & le pauvre peuple a toujours vécu, & s'est toujours soumis à cette obéissance aveugle qui faisoit son malheur.

Par quel aveuglement fatal vouloit-on persuader que les rois fussent l'image de Dieu sur la terre, lorsque Jesus les marquoit au coin de l'injustice générale qu'ils faisoient, & ne cessent de faire aux peuples ?

(J'en parlerai plus amplement dans un ouvrage bien plus étendu que je me propose de mettre au jour.)

La constitution française ne peut pas trouver de raison plus forte en sa faveur ; car le véritable tribut ne peut être forcé que par la loi du peuple, & pour la cause & le soutien de ce même peuple, & non pour le faire périr d'une maniere si gratuite & si atroce.

CHAPITRE XVIII.

VERSET 4.

QUICONQUE s'humiliera & se rendra petit comme cet enfant, sera le plus grand dans le royaume des cieux.

RÉFLEXION.

Un enfant n'a ni ambition ni orgueil ; il est détaché de toute la captivité mondaine ; il a faim ; il demande du pain : maman, du pain. Soyez donc comme cet enfant, sans orgueil, sans ambition, sans crime ou sans péché. Ne demandez à Dieu que votre nécessaire : donnez-nous aujourd'hui notre pain quotidien. Travaillez pour l'utilité, qui est la grande famille dont vous êtes les enfans : n'ambitionnez que la juste rétribution de votre travail, & alors vous serez véritablement juste ; & n'ayant rien à vous reprocher, votre cœur ne sera pas le témoin par lequel Dieu vous condamnera. Alors vous serez digne d'entrer dans le sein des bienheureux, parce que vous aurez respecté la liberté & l'égalité de votre prochain, qui sont la justice, l'équité & la raison par laquelle l'Eternel a dicté sa volonté aux hommes.

VERSET 8.

Que ſi votre main ou votre pied vous eſt un ſujet de ſcandale, coupez-le, & le jetez loin de vous. Il vaut bien mieux pour vous que vous entriez dans la vie, n'ayant qu'un pied & qu'une main, que d'en avoir deux, & être jeté dans le feu éternel.

RÉFLEXION.

Ne remuez jamais votre pied ni votre main pour vous emparer du bien d'autrui ; car il vaudroit mieux que vous fuſſiez ſans pied & ſans main, parce que l'impoſſibilité de vous porter pour prendre, & de prendre ce qui ne vous appartient pas, détourneroit ce déſir de votre cœur ; car il vaut cent mille fois mieux ſe priver de l'injuſtice temporelle, que de perdre la juſtice éternelle.

VERSET 17.

Que s'il ne les écoute pas non plus, dites-le à l'égliſe ; & s'il n'écoute pas l'égliſe même, qu'il ſoit à votre égard comme un païen & un publicain.

RÉFLEXION.

Pour connoître ce que c'eſt que l'égliſe, il faut connoître la morale évangélique, alorson reconnoît que l'egliſe eſt l'aſſemblée des hommes juſtes ; & le clergé, pour s'en attribuer l'autorité & la direction, avoit changé ces mots : *l'assemblée des hommes justes*, en *assemblée des fidelles chrétiens.*

L'église étant donc le temple de la justice, si celui qui vous fait du tort ne veut pas écouter vos représentations, portez vos plaintes à la justice, aux personnes qui doivent en connoître; & s'il n'écoute pas les juges, il est à votre égard comme un coupable; il doit être puni comme un païen & un publicain, dont les lois du temps de Jesus punissoient le crime; ce qui prouve encore que le crime ne doit pas rester impuni, mais qu'on ne doit pas se faire justice soi-même, qu'on ne peut pas être juge & partie.

CHAPITRE XIX.

VERSET 14.

Jesus leur dit: laissez là ces enfans, & ne les empêchez pas de venir à moi; car le royaume du ciel est pour ceux qui leur ressemblent.

RÉFLEXION.

Les enfans sont l'image de l'innocence; il faut être exempt d'iniquité comme eux, pour être de la compagnie du grand juge.

VERSET 16.

Alors un jeune homme s'approche, & lui dit:

bon maître, quel bien faut-il que je faſſe pour acquérir la vie éternelle ?

VERSET 17.

Jeſus lui répondit : pourquoi m'appelez-vous bon ? Il n'y a que Dieu ſeul qui ſoit bon ; que ſi vous voulez entrer en la vie, gardez les commandemens.

VERSET 18.

Quels commandemens, lui dit-il ? Jeſus lui dit : vous ne tuerez point, vous ne commettrez point d'adultere ; vous ne déroberez point, vous ne direz point de faux témoignage.

VERSET 19.

Honorez votre pere & votre mere ; aimez votre prochain comme vous-même.

VERSET 20.

Ce jeune homme lui répondit : j'ai gardé tous ces commandemens dans ma jeuneſſe, que me manque-t-il encore ?

VERSET 21.

Jeſus lui dit : ſi vous voulez être parfait, allez, vendez ce que vous avez, & le donnez aux pauvres, & vous aurez un tréſor dans le ciel ; puis venez, & me ſuivez.

RÉFLEXION SUR LES VERSETS CI-DESSUS.

Au verſet 18, Jeſus, en diſant les commandemens qu'il devoit garder, ne lui parla point du jour du repos, autrement dit ſabbat, & de l'ere chrétienne, le dimanche ; Jeſus ne lui preſcrivit que les commandemens de la raiſon, qui doivent s'obſerver continuellement, parce que Dieu eſt toujours le même, & qu'il n'y a pas de jour différent pour la raiſon ; que Dieu l'ayant gravée lui-même dans le cœur de l'homme, il n'aura beſoin d'autre témoin que le cœur même de l'homme pour le condamner. Si Jeſus s'eſt borné à dire & à nous preſcrire ce que Dieu même nous preſcrit par la raiſon, pourquoi le clergé nous impoſa-t-il des lois contre la raiſon, & qui ont diviſé les hommes ? S'ils s'en fuſſent tenus aux dogmes de Jeſus, en prêchant ſeulement leur eſſence, toute la terre les eût embraſſés.

Quant au verſet 21, j'entends par cette parabole, que les hommes étant tous freres, ſi le riche veut atteindre la perfection, en voyant le pauvre ſouffrir, il ne peut uſer de ſes moyens, qu'il ne partage avec lui, & il doit être charmé de les avoir pour le ſoulager ; & alors il eſt juſte & raiſonnable, & en cela il ſuit Jeſus : car en prenant cette parabole à la lettre, il faudroit ſe dépouiller pour donner tout aux pauvres, & alors le riche, plus pauvre que les pauvres même, il faudroit que les pauvres lui remiſſent de nouveau ce qu'il leur auroit donné pour ſe ſubſtanter, ou pour mieux dire, il faudroit que les hommes quittassent tout, & fissent un mépris de toutes les choses dont Dieu a orné la terre précisément pour leur usage ; & alors la religion, c'est-à-dire, l'évangile détacheroit les hommes de l'état, comme le dit Jean-Jacques Rousseau. Mais cet abandon des choses que Dieu a données à l'homme, seroit au contraire un mépris de la part des hommes, des dons que le Pere éternel a fait à ses enfans, & qu'il leur a donné pour en user comme il leur prescrit par la raison, qui est le grand caractere de l'égalité ; & loin donc que la morale de l'évangile détache les cœurs de l'état, elle en fait la force de l'unité.

Par le chapitre du pere de famille qui paie le dernier ouvrier autant que le premier, c'est-à-dire, qu'il donne autant à celui qui n'a travaillé qu'une partie de la journée, qu'à celui qui a travaillé tout le jour, on doit sentir que celui qui prie le plus, & celui qui demande davantage, n'ont pas pour cela droit à un plus haut prix, parce que Dieu connoissant le cœur de l'homme ne donne de prix qu'à la justice & à la sincérité, & que Dieu ne nous demande que ce qu'il nous dicte dans le livre de notre cœur, où est imprimée la raison.

Ce n'est pas en jeûnant, en priant & repriant qu'on obtient la grâce du Créateur, mais en admirant sa grandeur & sa magnificence, en considérant sa bonté, en reconnoissant que nous ne ſommes pas dignes de la moindre de ſes grâces ; qu'une mouche eſt cent mille millions de fois plus à notre égard, que nous ne ſommes à l'égard de l'Etre ſuprême (1) ; que la mouche nous lance ſon trait ſans pouvoir nous en venger, & que Dieu de ſon moindre ſouffle écraſeroit tout ce qui rampe ſur la terre ; qu'enfin, nous n'avons pas créé la mouche, & que la bonté ſuprême de Dieu nous a créés à tous.

Que le ver échappe à nos pieds en rentrant dans le centre de la terre, & que nous ne pouvons échapper une minute à ſon moindre regard. ---- Eccléſiaſtiques, eccléſiaſtiques, quel repentir ne devez-vous pas avoir de l'énormité de vos crimes ! ---- Ah ! Judas, pourquoi te déſeſpéras-tu ? Le tien étoit infiniment moins énorme que le leur. Si les eccléſiaſtiques euſſent peſé ces paroles de Jeſus : qui frappe de l'épée ſera frappé

(1) Cependant, quoique l'homme ne faſſe pas cas de la mouche, Dieu lui prouve le cas qu'il fait de lui, & par tout ce dont il orne la terre pour en faire ſes délices, & ſur-tout par cette haute idée que l'Eternel lui a donnée de ſa bonté & de ſa grandeur ſuprême, dons qui ne ſont accordés qu'à l'homme ſeul, dons inappréciables qui diſent à l'homme : tu n'as rien que par Dieu ; Dieu ſeul t'a donné cette connoiſſance ; il veut donc que tu lui demandes : *donnez-nous aujourd'hui.* Dieu te fait connoître que tu tiens tout de lui ; il veut donc que tu le remercies de ſes bienfaits : *grâces vous ſoient à jamais rendues, ô bonté infinie !*

de

de l'épée, ils n'auroient pas prêché aux hommes dans le sens contraire aux lois, pour les faire massacrer entr'eux, parce qu'ils auroient cru être massacrés eux-mêmes, comme ils le sont par le tranchant de ces lois qu'ils vouloient trancher. O aveuglement ! que tu es grand chez l'homme avide & orgueilleux!

CHAPITRE XXII.

VERSET 9.

ALLEZ donc dans les carrefours, & appelez aux noces tous ceux que vous trouverez : les noces sont l'instruction ; & Jesus parlant aux hommes instruits, leur disoit : appellez aux noces ceux qui ont besoin du repas de l'instruction.

RÉFLEXION.

Vous à qui la connoissance a été donnée de connoître les défauts d'autrui & les moyens pour les corriger, appelez les ignorans, courez à leurs secours, & dites leur : mes amis, venez ; je veux vous instruire, c'est mon devoir ; c'est un don que j'ai reçu de Dieu, duquel je dois vous faire part : venez, je veux vous alimenter.

VERSET 21.

De César, lui dirent-ils ?

Alors Jesus leur répondit : rendez donc à César ce qui appartient à César, & à Dieu ce qui appartient à Dieu.

RÉFLEXION.

Rendre à César ce qui appartient à César, c'étoit obéir à ses ordres & à ses lois, qui étoient les lois de l'état, faites par le prince & son conseil, par conséquent en leur faveur. Puisque Jesus disoit d'obéir aux lois d'un prince, il est d'un devoir bien plus essentiel d'obéir aux lois du peuple, qui sont celles de la raison, qui vous dit de rendre hommage & d'adorer l'Eternel, & par ce moyen vous rendez à Dieu ce qui appartient à Dieu.

CHAPITRE XXIII.

VERSET. 3.

OBSERVEZ donc & faites tout ce qu'ils vous disent ; mais ne faites pas ce qu'ils font, car ils disent ce qu'il faut faire, & ne le font pas.

RÉFLEXION.

Lorsque quelqu'un nous donne de conseils que nous connoissons justes, lorsqu'il nous montre une morale que nous connoissons pure, nous ne devons pas regarder si ses actions répondent aux instructions qu'il nous donne, parce que son crime n'effacera pas le nôtre. Le voleur conſeille de ne rien prendre de ce qui appartient à autrui ; & parce que ſon ambition le porte à voler, le conſeil qu'il donne en eſt-il moins bon ?

Le pere ivrogne & joueur dit à ſes enfans : mes enfans, c'eſt une vilaine choſe de s'ennivrer ; ne jouez point, vous perdriez votre argent, & vous n'auriez plus rien ; & parce que le pere s'ennivre, & perd ce qu'il a au jeu, les enfans doivent-ils ſuivre ſon exemple ?

Le médecin ordonne de remedes aux malades pour les guérir, & n'en prend lui-même qu'à la derniere extrémité ; & parce qu'il ne prend pas ce qu'il ordonne, faut-il ſe laiſſer mourir en mépriſant ſes ordonnances ?

VERSET 14.

Malheur à vous ſcribes & phariſiens hypocrites, parce que ſous prétexte de vos longues prieres, vous dévorez les maiſons des veuves ; c'eſt pour cela que vous recevrez un jugement plus rigoureux.

RÉFLEXION.

Comment les dévots & les dévotes, ou pour mieux dire, les perſonnes qui payoient les prieres, n'ont-elles pas fait attention à ce dogme ? Il parle de la maniere la plus préciſe contre les eccléſiaſtiques qui ſe faiſoient payer pour prier Dieu. Jeſus ne ſe borne pas à dire : ſcribes & phariſiens, ſous prétexte de longues prieres, ne dévorez pas la maiſon de votre prochain ; mais il dit : malheur à vous ſcribes & phariſiens. Il faut avoir bien peu d'intelligence pour ne pas ſentir que des hommes aiſés, à qui rien ne manque, enfin, pour ne pas reconnoître que les eccléſiaſtiques & autres étoient les ſcribes & les phariſiens qui dévoroient la ſubſiſtance du pauvre, les premiers en feignant de prier Dieu, & les ſeconds en le trompant par des détours perfides. Combien de mille pauvres auroient été ſoulagés de ce que faiſoit conſommer un évêque mal-à-propos !

Auſſi l'aſſemblée nationale choiſie par le peuple, pour mettre l'ordre & la paix, conſidérant que les premiers chrétiens n'avoient accordé des droits au clergé qu'afin qu'il aſſiſtât les pauvres comme les apôtres & leurs premiers ſucceſſeurs, & voyant que ce patrimoine des pauvres ne ſe conſumoit que dans un luxe & un faſte qui inſultoit les pauvres à qui ces biens étoient deſtinés par les mains du clergé, la Convention les leur a totalement ôtés, afin d'en uſer pour le beſoin du peuple, & pour les ſecours des pauvres, comme elle l'a décrété.

VERSET 22.

Et celui qui jure par le ciel, jure par le trône de Dieu, & par celui qui y eſt aſſis.

Réflexion.

Tout ce qui exifte fur la terre étant créé par Dieu, celui qui prend quelque chofe à témoin de fon ferment, ou qui motive fon ferment par quelque chofe, prend Dieu à témoin.

CHAPITRE XXIV.

Verset 6.

Vous entendrez auffi parler de guerre & de bruits de guerre; mais gardez-vous bien de vous troubler, car il faut que ces chofes arrivent, mais ce ne fera pas encore la fin.

Réflexion.

L'orgueil & l'ambition font des crimes qui ont toujours fait naître des guerres entre les hommes.

Les bruits de guerre font les plaintes & les cris des hommes juftes contre les coupables, qu'ils veulent faire punir; & ces punitions étant néceffaires, il faut que ces chofes arrivent; & malgré ces punitions, il furvient encore de nouveaux coupables. Les innocens ne doivent jamais craindre les menaces d'un crime quelconque qu'ils n'ont point commis: l'on ne punit le crime que dans la perfonne qui l'a commis, & il eft néceffaire de le punir pour en faire connoître l'horreur, & en infpirer le mépris & la crainte, afin d'empêcher qu'on le commette. Si l'innocent périt d'un crime qu'il n'a pas commis, il a dumoins la consolation de payer le dernier tribut à la nature avec un cœur exempt de remords.

VERSET 36.

J'ai été nu, & vous m'avez revêtu ; j'ai été malade, & vous m'avez visité ; j'étois en prison, & vous m'êtes venu voir.

EXPLICATION.

Un pere qui voit un de ses enfans partager ce qu'il a avec ses freres, donne & avantage toujours cet enfant ; il dit : pourvu que celui-là en ait, les autres en auront, car il partage avec eux. L'Eternel qui est le pere de tous les hommes en agit ainsi, récompense celui qui couvre les nus, celui qui soulage les malades, & enfin celui qui est dans la prison du besoin ; & c'est toujours par la raison que l'Etre suprême nous parle... Y a-t-il quelque individu qui, sans savoir exprimer ces caractères, ne les ait gravés dans son cœur ? S'il en est quelqu'un qui dise que non, je lui dirai : tu te fais connoître traître ; ce seul mot, non, te montre l'ennemi de la justice & de la raison, l'implacable ennemi de la liberté & de l'égalité.

SAINT MARC, CHAPITRE III.

VERSET 34.

ET regardant ceux qui étoient assis autour de lui, voici, dit-il, ma mere & mes freres.

RÉFLEXION.

Dieu ayant créé les hommes, ils sont tous ses fils; aussi Jesus se disoit-il fils de Dieu; & en disant que ceux qui étoient autour de lui étoient sa mere & ses freres, il exprimoit d'une maniere irrévocable que tous les hommes étoient ses freres, & il ne se démentit jamais: son exemple, son humilité, ses œuvres en furent un témoignage authentique.

Certains ecclésiastiques, en prêchant, appeloient aussi les hommes mes freres; mais c'étoit pour leur enlever plus aisément la portion de leur légitime.

VERSET 30.

Vous aimerez le Seigneur votre Dieu de tout votre cœur, de toute votre ame, de tout votre esprit & de toutes vos forces: c'est le premier commandement.

31. Et vous aimerez votre prochain comme vous-même; il n'y a aucun autre commandement plus grand que ceux-ci.

REFLEXION.

Aimer Dieu de toute ſon ame, aimer ſon prochain comme ſoi-même, c'eſt le patriotiſme le plus parfait, c'eſt toute la force de la raiſon, c'eſt toute l'étendue du devoir de l'homme ; il eſt impoſſible de mieux s'exprimer en ſi peu de paroles, & tous les diſcours du monde ne peuvent en dire davantage à l'homme qui en ſent la conſéquence, que Jeſus en dit par ces paroles. Si les repréſentans du peuple, &c. ont fait détruire par-tout le trophée de ce ſublime fondateur du patriotiſme, ce n'eſt pas pour lui ôter la gloire qu'il en a acquiſe, mais bien pour déraciner juſqu'au moindre veſtige du fanatiſme, & par ce moyen faire perdre totalement au peuple l'idée chimérique qu'il s'étoit faite des prêtres ; car ils ſavent bien que de tous les patriotes qui ont exiſté, Jeſus étoit le ſeul parfait, parce qu'il n'avoit d'autre ambition que le bonheur des hommes : jamais on n'a pu l'accuſer de la plus foible ombre d'orgueil, ni de la plus petite envie d'aucune place.

SAINT LUC, CHAPITRE X.

VERSET 30.

Et Jeſus prenant la parole, lui dit : un homme qui deſcendoit de Jéruſalem à Jérico, tomba entre les mains des voleurs qui le dépouillerent, le couvrirent de plaies, & s'en allerent le laiſſant à demi-mort.

31. Il arriva enſuite qu'un prêtre deſcendoit par le même chemin, lequel l'ayant apperçu, paſſa outre.

32. Un lévite qui vint auſſi au même lieu, l'ayant conſidéré, paſſa outre encore.

33. Mais un ſamaritain paſſant ſon chemin, vint à l'endroit où étoit cet homme, & l'ayant vu, il en fut touché de compaſſion.

34. Il s'approcha donc de lui, & verſa de l'huile & du vin dans ſes plaies, & les banda, & l'ayant mis ſur ſon cheval, il le mena dans l'hôtellerie, & eut ſoin de lui, & dit à l'hôte d'en avoir ſoin, qu'il le payeroit.

Lequel de ces trois vous ſemble-t-il avoir été le prochain de celui qui tomba entre les mains des voleurs ?

Le docteur répondit à Jeſus : celui qui a exercé la miſéricorde envers lui. Allez donc, lui dit Jeſus, & faites de même.

RÉFLEXION.

Le dogme qu'on n'entendoit pas souvent prêcher par les ecclésiastiques, est celui-là, parce qu'il est un témoignage de ce qu'ont toujours été les ministres des lois religieuses ; l'on voit par ce dogme, que, de tous les temps, les prêtres sont ceux qui se sont les plus refusés à la loi de la raison & de l'humanité, puisque le samaritain qui étoit séculier remplit la loi de la nature & de la raison à laquelle s'étoient refusés le prêtre & le lévite destinés au service du temple. Jesus ne pouvoit mieux s'expliquer pour faire connoître les prêtres, sans s'exposer à leur vengeance.

CHAPITRE XI.

VERSET 46.

MAIS Jesus leur dit : malheur aussi à vous autres docteurs de la loi, qui chargez les hommes de fardeaux qu'ils ne sauroient porter, & qui ne voudriez pas les avoir touchés du bout des doigts.

RÉFLEXION.

Nos prélats, dont la société se donnoit nom d'église, de combien de choses n'avoient-ils pas chargé le peuple . comme le jeûne, l'abstinence, &c. ? Tandis qu'ils faisoient bonne chere, & se livroient au luxe & à la molleſſe, ils ordonnoient aux prêtres de viſiter les malades, de donner l'extrême-onction, & ils n'auroient pas voulu toucher les malades du bout des doigts. Ils ne s'étoient réſervés la confirmation que par la facilité qu'elle leur donnoit de faire connoître leur grandeur à tout le monde.

CHAPITRE XII.

VERSET 5.

MAIS je m'en vais vous dire qui vous devez craindre; craignez celui qui, après avoir ôté la vie, a le pouvoir de jeter dans l'enfer. Oui, je vous le dis encore une fois, craignez celui-là.

RÉFLEXION.

Obſervez bien que Jeſus répete : oui, je vous le dis encore, craignez celui-là.

C'eſt-à-dire, que Dieu ayant deſtiné tous les hommes à la mort, ils doivent craindre ſon jugement; ils doivent le craindre pour éviter le mal, mais ils doivent l'aimer pour faire le bien, en partant du principe inconteſtable que Dieu étant la juſtice même, il doit punir le mal & récompenſer le bien; ſans cela il ne ſeroit pas juſte. Eh! qui ſeroit juſte, ſi celui qui a donné à l'homme le ſentiment de la juſtice, n'étoit juſte lui-même?

On peut juger du corps de la vache par le bon lait qui en découle. Dieu connoiſſant les degrés de la méchanceté des hommes, les punira, non par une punition égale comme la guillotine, mais d'un châtiment proportionné à leur crime, & ſelon la connoiſſance avec laquelle chacun l'aura commis; & l'Eternel n'aura beſoin d'autre témoignage que celui du cœur de l'homme qui l'aura commis; & comme il falloit un nom à la punition que l'Etre ſuprême fera éprouver à l'homme, Jeſus a donné à cette punition le nom d'enfer.

VERSET 52.

Malheur à vous, docteurs de la loi, qui vous êtes ſaiſis de la clef de la ſcience, & qui n'y étant point entrés vous-mêmes, l'avez encore fermée à ceux qui vouloient y entrer.

RÉFLEXION.

La ſcience eſt renfermée dans la juſtice, & les lumieres dans les tribunaux : les juges s'étoient emparés des clefs de la juſtice, & non-ſeulement ils ne rendoient pas juſtice, ils corrompoient même ceux qui en parloient le langage, & par ce moyen ils en fermoient la porte à ceux qui vouloient y entrer.

Les eccléſiaſtiques s'étoient emparés des clefs de l'inſtruction, & non-ſeulement n'inſtruiſoient que pour ſeconder leur ambition & leur orgueil, mais encore ils s'écrioient & punissoient ceux qui vouloient faire appercevoir le peuple de leurs manœuvres despotiques ; & c'est ainsi qu'ils fermoient la porte de la science aux hommes ; & Jesus ne pouvoit mieux s'expliquer pour faire connoître leur perfidie, sans s'exposer à leur sévere vengeance.

Jesus a toujours parlé avec une prudence divine pour le bonheur des peuples ; car s'il eût parlé ouvertement contre les prêtres & les rois, on se seroit d'abord saisi de lui, & son patriotisme sublime eût été anéanti pour l'humanité. Que l'homme réflechisse & pese son génie divin, il y reconnoîtra, & y trouvera une étendue de science & de lumiere au-dessus de celle des hommes.

Que l'on me cite quelque trait de tous les discours prononcés en faveur de la liberté & de l'égalité, qui n'ait été prévu & prévenu par les dogmes de Jesus. S'il n'en est aucun, que ne se taisent ces bouches ardentes qui ne lancent de flammes que pour nous glacer ; semblables à la paille, dont la flamme n'opere sur celui qui tremble de froid, qu'un tramblement plus grand lorsqu'elle a passé : il faut de bonne braise, & non une flamme passive, pour échauffer celui qui a tout le sang de son corps glacé (1). Que ceux

Il faut de bonnes explications pour instruire le peuple & non de termes choisis, ni de phrases brillantes, comme à ceux qui se sont nourris long-temps de ces alimens.

qui ne savent lire, ou qui ne comprennent le fond de ce qu'ils lisent, s'imposent silence, pour ne pas se faire connoître, & se faire mépriser par ceux qui sentent le néant de ce qu'ils disent, & pour ne pas induire en erreur ceux qui en savent moins & aussi peu qu'eux. Alors je dirai : la liberté & l'égalité sont respectées ; chaque individu connoît sa place, & ne veut point s'asseoir au siege d'autrui.

L'auteur de l'évangile qui a toujours parlé en parabole, eût bien pu s'expliquer en sens littéral ; mais il sentoit trop combien le temps & les circonstances faisoient changer les choses dans l'ordre moral, pour dire en sens littéral tout ce qu'il a exprimé en parabole. Parlant pour toutes les nations & pour tous les siecles, il devoit s'expliquer de maniere que son angage fût le principe de tous les systêmes, de toutes les lois qu'on pourroit établir dans les siecles, sur les fondemens de la justice & de la raison, & pour ne pas donner à la jalousie, à l'ambition & à l'orgueil prise sur la personne qui devoit établir les vrais fondemens de la justice & de la raison, de la liberté & de l'égalité dont les despotes & les traîtres ont si malheureusement abusé jusqu'à l'admirable correction de la guillotine : ainsi l'on voit que ce sublime législateur dit dans quelques feuillets, par le grand sens de ses paraboles pour le bonheur de l'humanité, plus que n'en disent tous les volumes de l'univers (1).

FIN.

---

(1) En lisant les évangiles, sans y faire attention, j'ai passé par-dessus les dogmes.

Quiconque s'éleve sera abaissé, & quiconque s'abaisse sera élevé.

Qui frappe de l'épée sera frappé de l'épée.

Tout le monde connoissant ces dogmes, je me dispense d'en citer les chapitres.

Je dois seulement faire faire attention que si la noblesse & le clergé ne les eussent pas tant méprisés, ils ne se seroient pas élevés à un si haut période, pour n'être pas abaissés à un si bas point; & ils n'auroient pas cherché à frapper de l'épée, de la famine & du massacre, pour ne pas perdre leurs biens, & être massacrés eux mêmes par la lame du tranchant des lois, &c. &c.

Remarque. Cette instruction répandue dans la république, & sur-tout traduite en langue espagnole, & communiquée à cette nation, ne pourroit-elle pas y opérer en faveur du peuple?

www.ingramcontent.com/pod-product-compliance
Ingram Content Group UK Ltd.
Pitfield, Milton Keynes, MK11 3LW, UK
UKHW031948260826
14628UKWH00004B/1938

9 782011 268037